静思語

礼仪之美
清纯气质的教养

静思法脉丛书

释证严 著

静思

以冷静、清净之心
思考生命之来源、人生之方向、宇宙之真理
心在宁静境界中，心在清净无染中
用恬静之心念观看世间万物
生命与天地全然融合成一体

照见万物本质之实相
透彻虚幻不实之假相

此清净、坚定、超越之思想
就是智慧

——证严上人

上证下严上人

  证严上人以其悲天悯人之宗教家胸怀,服膺上印下顺导师"为佛教、为众生"之慈示,秉持"佛法生活化,菩萨人间化"之理念,在贯彻"内修诚正信实,外行慈悲喜舍"的精神下,渐次开展"慈善、医疗、教育、人文"以及"国际赈灾、骨髓捐赠、环保、社区志工"之"四大志业、八大法印"。事理相融、以浅喻深、畅佛本怀,善导大众心存菩萨大爱,落实佛法于生活中,带动付出无求同时感恩之风气,达到"净化人心、祥和社会、天下无灾难"之人间净土目标。

静思法脉丛书

"静思法脉丛书"是为将证严上人开示法语依佛教经典、衲履足迹、人文专题、静思语录、上人全书、随缘开示、思想论述等八大书系结集成书。有计划性、系统性地搜集资料、修润文稿以迄于汇整付梓,工程可谓浩大,影响自是深远,诚然是任重道远之笔耕弘法慧业。故有心有缘于此致力世界和平之理想者,不可以不弘毅,立愿以淡泊明志之心,悠游法海;立志以宁静致远之心,潜心留史,全体合和互协荷担使命,圆满个己之修心道业,完成天下之长治久安。

序言
教之以礼，育之以德
传之以道，导之以正

"成、住、坏、空"四相轮回本是天地宇宙的真理，如地球最终自是走向毁灭，生灵遂在某一个星球上展开新生命，这就是"成"；之后，是"住"的阶段，万物慢慢集中于此星球上；而待万物都具足了，人类却又开始自作孽，遂因此往"坏"的方向而去；到最后就是灭，一切都归于"空"无。

"种如是因，得如是果"之真理，通贯古今不更易。顺天理，就一切圆满；逆天理，就难保平安。气象的力量与人间的业力息息相关，台风是气流所合成，台风在空中的动向是进或退或停滞，也受到其他气流的牵引或牵绊，这都是一个"气"！若造恶者众，众人积聚的恶业形成一股污浊之气，就能驱使天候异常，造成天下灾难。反之,集众人的善念形成一股善的气压,这股气压就能牵制乃至于挡去风雨灾变。

这个"气"必定要用心去体会,好好去深思。"气",我们看不到、摸不着,但它是确实存在,具有一股无形但很强盛的力量。

如"地气",蕴含在地表之下,当其作用时便具有无法抵挡的力量,足以撼动大地;又如人有"运气",这股气力在冥冥之中牵引着我们的命运;还有如"福气",若言行得宜,人生方向正确,一生总是能平安吉祥。总归说来,这"气"是一股很奥秘的力量,虽然我们看不到它,但必定要相信它的存在!

所说的"气"一如佛教所言的"业",业是"造作"义,犹如种子或说是业因,经过耕耘也就是造作,就会有结果产生。以稻子为喻,下种之后,经过灌水、除草、施肥等种种耕作次序后,慢慢地,这种子成长、茁壮,渐而开花、结穗,就可以收割了。若没有经过耕作，稻种永远是稻种，无法看到黄澄澄的稻穗。

所以说，要看到"果"，一定要经过"造作"；因就是种子，业因经过造作，就有果报形成，这就是"因缘果报"之理。"命运"也是经过造作而形成，过去生的作为所形成的业，这业再随人带到今生，此即所谓的"命运"；而这股命运具有一股业力，也就是一股气，这股看不到的气，有着巨大的力量会牵引我们再造作来生的命运。

有人以为"命运"既成，也就是命运既然已是注定好了，何必再积极做些什么事呢？因此就放任于业力的牵引，乃至于沉沦至不堪的地步。这就像有一块土地，或是不肯耕作或是不肯下种，终究无法有好的收成；虽然今生命运已定，但只要付出力量积极作为，命运仍操之在己，自己就能改变、转变自己的命运。

从做慈济之初直到现在，始终不离"众生共业"这四个字的说明与强调——人心善则天下太平，人心恶则灾难四起。所谓"人之初，性本善"，人人生来具有善良、纯真本性，这份无污染的清净之爱，就是生而为人的自然法则。但人在后天环境影响下，掉入欲念的陷阱中，沾满厚重的污垢，遂变得贪婪自私。所以才说要敬畏天地，能敬畏天地就会畏惧因果，若能深明因果之理，自然会照顾好自己的心，修整好自己的行为。

"简单就是美"，回溯慈济当初成立的意义，一切就是那么的简单，就只是为了一个"爱"字，若说成两个字便是"大爱"，或说为四个字即是"慈悲喜舍"。慈济教育的目标不离"爱"，为的就是使人回归清净本性，导入大自然法则，能安分守己，不自作聪明地脱离自然的秩序。这信念、理念就是如此简单，但偏偏要将简单的理念落实到人与事中，使事理能相互融合，这就不简单了！

其实，"理"本来是最简单的，理即道理，在佛教来说就是"人的本性"，这合情合理的人之本性是很简单，只是落实在人与事时，就变得复杂了。从简单变成复杂，想再回过头来恢复原来的简单，可不是一件容易的事了！

例如"扫地"这类寻常小事，事实上也有其学问、道理存在。扫地也是学习做人的开始。我们这一代，扫地也需要经过长辈教导。俗云"扫地扫屋角，洗耳洗耳根"，意即做事不能马虎，最不显眼之处，尤须注意清洁。

当年在丰原慈云寺修行时，寺外有一片泥土地，那时每天清晨最喜欢的事就是扫地。扫地时先洒洒水，不使灰尘扬起，再拿着扫帚一划一划地扫，人也随着渐渐地往后退，眼见地上帚痕如波浪起伏，耳听扫帚刷过地面发出的声音，那真是很美的境界！每天晨起扫地时，心中就有"美化人生"的感觉！每一天将地扫干净，自己的心也清净了；而每一天听到扫地的沙沙声，就觉得生活很有朝气！所以，每天早上起床后睁眼醒来第一个动作就是——扫地，这动作虽然简单，但也是一种教育。

扫地要有"扫地规律"！现在的孩子们，都不是拿好扫帚用心扫地，而是拿着扫帚在地上拖，只见他们一手拿扫把、一手拿畚箕，这儿、那儿地扫一扫，这怎么像是在扫地呢？那分美的动作已经消失。即使是简单的动作也已失去了功能，甚至要他们拿起扫帚也是很难的，能够弯腰捡拾垃圾就不错了。所以说事简单但人不简单，扫地不会扫，洗衣、晾衣也不会，这种功能的理念虽很好，但现在的孩子却做不到。

从前的小孩很小就要"拿椅起灶"（闽南语，拿椅子垫脚煮饭菜），若做不好还会被父母拿菜刀的刀背敲头；以前教孩子就是这样，但也从来没听过哪个小孩会埋怨，更不曾听说有反抗父母的。就算是养父母，孩子本身或生身父母都不会有任何责怪，普遍的人心都是如此单纯，而不像现在这么复杂。

其实，若能好好教导，以前的人能做，相信现在的人也能做得到。所谓"人本"教育，除了启发"人之初性本善"的善以外，也应该包含"生活的本能"，这就必须透过教育，很有耐心地教导孩子们。

慈济教育志业的精神主轴是："教之以礼，育之以德，传之以道，导之以正。"小学教育要打稳生活教育的基础，中学教育要引导学生建立正确的人生方向，大学教育则要教导学生深知自己的本分与使命。

"教之以礼"——"礼者，理也"，教育学生的第一个阶段，就是要让他们先知礼，才会识理；通达道理的人，行仪必有礼节。相识者有时互动无礼，是因为"熟不拘礼"，于是容易在言语中对彼此造成伤害，这是非常不好的现象。学习"礼"要从最亲近的人开始，做到以礼相待，莫以为是自己人就失去礼节，一旦对内不讲礼节，出外也就很容易因为与人熟稔，便松散无礼了。

孩子本就具有天真本性，是因为受混乱的社会环境影响，把本性熏染偏差，也乱了轨道。此时唯有以人文相互熏习，才有希望。真正的教育就是要向下扎根，扎稳的根本之道，就在"礼"与"理"之中。礼若失，理就失；没有礼，就会淡化人们本具的道德观。

《论语·学而第一》中有言："有子曰：礼之用，和为贵。先王之道，斯为美，小大由之。有所不行，知和而和，不以礼节之，亦不可行也。"人际之间的和谐相处，固然相当重要，但若没有以礼节为基础，没有原则、道理的坚持，这种"和"只是表面，谈不上有何美可言。所以说，每个人都站在自己的本分，守住礼法与原则，不偏差自己的行为，则个体之美才能成就整体之美。

"育之以德"——从事教育，应当以真诚的爱心，将所有的孩子都当成自己的孩子来关心与培育，所期盼栽培的人才应是学德并重，除了教授他们丰富的学问，更应重视品德的陶养。人格、品德的涵养，必须落实到生活中去教育，举凡衣食住行、待人做事接物，能教导孩子们做来都合乎礼节，才能培育出文质彬彬的社会栋梁。

"传之以道"——除了教育礼仪，还要培育品德，传续道德。过去的学校多以"礼义廉耻"为校训，老师们应互相勉励，推动品德教育，共同恢复礼义廉耻的道德教育，且使之落实于生活中。师之道隆，世间人伦道德昌盛，人间才有希望；若师道不隆，人伦礼节衰退沦丧，人间就会失序混乱。所以老师们须负起教育仁义礼节的人间使命，日日创造人间希望，使人知礼义、重人伦，让天下人文之美得以展现。

"导之以正"——传正道还要导正向，导正偏差的教育、导正心灵的方向，回归人心纯真的本性。欲将人导向正途，就是要推动"克己复礼"，建立"慈悲喜舍"，重拾"礼义廉耻"，才能培育出正人君子，若是世界上的教育都能如此，则人类世界就有无限希望。

在以往的时代，孩子们并非到学龄才到学校受教育，而是从小就在家庭中接受教育，起床后首先要整理好自己的形象，女孩子要梳绑辫子，不能放任披头散发，也要学习做家事、针黹刺绣等等，必须学到每样都有一定的水准。长辈们也会教导如何待人接物，吃饭要坐姿端正，拿东西要有秩序，不可随意放置，要懂得让座、敬老尊贤；家里来了客人，见到访客要打招呼，表达亲切、尊重与礼貌；若见到老师要停步、鞠躬……换言之，早在到达学龄之前，就已教育好生活伦理。

　　从幼小就具有如此尊师重道的礼节，这就是慈济教育的理想。学校是道场，是进行道德教育之处，很期待教育能够复古，回复过去那种尊师重道之风，所以老师必须体认自己职责的重要，切实负起教育的使命！

释证严

目录

卷一 礼者，理也 合礼，则合理也

第一章
如法如理，自然法则
023

第二章
如戒如律，清净庄严
053

第三章
如礼如仪，美好教养
087

第四章
如真如实，人成佛成
119

卷二　有礼必明理　明理必有礼

第五章
教之以礼，礼教为本　　155

第六章
育之以德，培育品德 　　191

第七章
传之以道，传承典范 　　219

第八章
导之以正，导正方向 　　247

卷一　礼者，理也　合礼，则合理也

　　礼者，理也，有礼就有理，无礼则无理。礼，是做人的根本道理，是人生重要的学习。

　　有礼之人，行为有所节制，克己持戒不犯，做人做事循规蹈矩，展现人文之美。无礼之人，道德观念薄弱，是非不能分明，无法与人和气相处，平添社会事端。

【第一章】
如法如理，
　自然法则

天理·人道

天有天理——宇宙星球各在其位,各有运行的轨道,各有运转的速度,不能稍有差错;人也有人道——人也要依照轨道,守好做人的规则,依人伦道理而行,不可稍有偏差。

轨道

宇宙星球遵循轨道,则相互运转无碍;人心守住伦理轨道,则社会祥和平安。

礼节规范

大地需要雨水润泽,才能滋养草木的生长;人间需要礼节规范,才能维持安定的秩序。

行于正道

行在正道中,就是顺应自然法则,能累积善因善缘;心在贪欲中,就是违反自然法则,使人生偏差入邪。

自然法则

天地之间本来就有自然法则——人若循规蹈矩，就能安然生活；人与自然调和，才能健康平安。

有道理才有天理

人心依道理行事，才有天理；若没有伦理道德，就没有天理；天理不调顺，四大不调和，此即众生共业。

天理良知

人人都有天理良知,若能回归天良本性,就会有发自内心的真诚,时时为普天下人造福。

法则

人心有伦理道德,才有温馨的互动;天地有运行法则,才有顺畅的秩序。

"精神"

"神"即道理，言行合乎道理、规矩，心与理会合，所凝聚的便是很精纯、清净的"精神"。为人顺应真理，精神饱满焕发，自然多得平安。

敬天爱地是智者

懂得敬天，也懂得爱大地，此即通达天文地理的人；能通达天理与地理，就是有智慧的人。

不可作对

与天作对,逆于天理是自绝生路;与人作对,刚强对立则互结苦果。

巩固道心

每天的生活,作息规律,起居正常,待人谦和,做事诚恳,就能巩固道心。

睁眼即感恩

生老病死是自然法则，不用多想生命何时走到尽头；只要每天睁开眼睛，就要感恩还有时间，可以多劝人一句好话，可以多做一件好事。

佛法在细节里

佛法存在于日常生活中的每个细节里——从草木发芽、茁壮、枯萎，即可体悟世间一切都在变异中的自然法则。

天理·人伦

顺天理、守人伦,创造优质的善因福缘。

生活章法

人生须好好规划,生活杂乱无章,即造作杂业;生活就轨有序,即成长净业。

第一章·如法如理,自然法则

各就各位,各得其所

万物格正而归于本位,各得其所而发挥其用,就能到达至善至美之境。

向着善的轨道

节制饮食不过量,节约用度济贫苦;善加利用生活物资,发扬爱心、累积善行,身心皆在良善轨道上,自然生活平安又健康。

风雨的磨炼

在人间行事,难免有风有雨——风雨是自然法则,有风有雨才能让五谷丰收,有人事挫折才能更磨炼道心。

清净在源头

"清净在源头"即是回归心路源头——对天理、道德恭敬顺从,对人事、万物谦和以待,才能逐步归向道理的源头,显露清净自性。

天地人和

大地需要雨露,心地需要法水,以法转人心,人心和则天地和,风调雨顺才能滋长万物。

有机农法

农耕应回归大自然,依循自然法则,以保护大地为原则,从事有益人群健康的作物生产。

在生活中理解

春去秋来,山河大地景色变迁,农耕时蔬菜色各异——在生活中就能理解自然法则。

平衡就平安

凡事要适度,不可过度与松懈;饮食有节度,不可过量与挑食。众生心态平衡、饮食均衡,天地自然也能调和平安。

脱序・失序

人心脱序,四季失序,灾难频传;汇集众人爱的能量,才能让天地风调雨顺。

法轮・心轮・天轮

转法轮,即是用佛法转人心轮——法轮转则心轮转,心轮转则天轮转,使自然灾害趋于调和,感得天地平安。

人道・地道・天道

世间的灾难,起于心灵的灾难——人心违背良知,人道脱轨失序,则天道、地道混乱,社会灾害频传。

病患苦源

人类之于天地大乾坤,就如病菌之于人体小乾坤,人心持正,就与天地万物和平共处;人心不轨,会让天地乾坤痛苦不堪。

看得广、想得深

在利害、得失之间，不要只见利与得，而不顾害与失，造成对天地与人伦的毁伤。

礼之美

懂得道理的人，就懂得礼节，有礼节才能维持得住人与人之间真诚互动之美。

明白道理

明白道理的人,分秒必争利益人群,过着有价值的人生;不懂道理的人,把宝贵的时间花在玩乐上,为人间制造许多祸端。

道理通达

与人柔和相待,遇事温和沟通,使人乐于亲近,让事情顺畅进行,便是道理通达的人。

法水甘霖

法水润心地,法喜泉涌,轻安自在;
甘霖洒大地,万物生长,欣欣向荣。

知书达理

懂得侍奉亲长、敬老尊贤,也懂得如何善待朋友同事、尊重上司与体恤部属,清楚人伦的分际与道理,就是知书达理的人。

道理贵在应用

道理，要应用在生活中，用心去体会，才能有所得；若只在文字上去了解，懂得再多，也一无用处。

视无常为平常

人间世事本无常，视无常为平常，一切淡然处之，就能坦然自在。

"感"受而"觉"悟

对生命要有"感觉"——"感"受身体日渐年迈力衰,"觉"悟生老病死是自然法则,自我警惕人生无常。

虚幻无常

无常世间不执着,虚幻人生不计较。

平常心·平常事

解开无明绳索,不受爱欲缠缚,就能看开一切,修得平常心;有平常心,面对人生的变异,皆能视作平常事,安然自在。

在无常中珍惜所有

人生无常,山河大地亦潜藏天灾危机;能身处安全舒适的环境,应以感恩心珍惜所有。

在生活中修行

修行,是在日常生活中修——日常生活有规则,与人互动心和善。

心态·形态·生态

人的心态,影响生活形态,决定地球生态;只要心有觉悟,养成勤俭惜物的生活习惯,天下自然调和平安。

心理·生理·物理

调整心理、去除习气,顺于生理、起居正常,自然能调顺物理——身体得以健康,天地得以平安。

获得一点应无量回馈

惜福,是当你获得一点,要以无限量的感恩回馈——用爱来抚慰大地,以虔诚尊重天地。

顺理而行

人与人之间,顺理而行则单纯;若将心念复杂化,彼此计较对立,进而相互攻击,就会酿造人祸。

调心达理

调整心理,就能通达道理——心灵回归清净,就能彰显人伦道德;言行回归正轨,社会自然祥和平安。

扮演好角色

世间虚幻不可得,世事无常不久长,照顾好自己的言行,扮演好自己的角色,就是成功的人生。

福气化浊气

在生活中虔诚用心,爱惜物命与人,事事有爱的循环,就能积聚善的福气,化解四大不调的浊气。

敬天爱地

敬天爱地,就是要敬顺天理、守护道德,就是要伸出双手爱护大地。

顺理保平安

守好自己本分,做好该做的事,就是顺天理,顺天理者都是有福人;同理,守好交通规则,不超速、逆道而行,就能路途顺畅平安。

人伦道德

日日戒慎虔诚、时时自我反省,重人伦、守道德,让世间充满祥和之美。

顺理不逆理

顺理而行,心平气和,一路平安,一生幸福;逆理而行,方向偏差,寸步难行,路途坎坷。

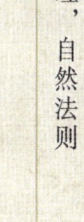

虔诚是做出来的

真正的虔诚是付出——力行环保,守护地球,自然感得天地风调雨顺。

调和自然

地球万物共生息,天地不调造苦难;
爱人惜物善循环,调和自然化浊气。

理摄万法

"理"无形无相,却能应万用——能融摄万法,使事物就轨。理就在人心中,只要心门开启,就能无所障碍,融通一切事理,调和世间万事万物。

回归自然法则

伦理道德观念,是维系社会长治久安必遵循的自然法则;伦理道德教育即旨在回归自然法则,希望社会上人人恪守本分,善尽自己的分内事。

【第二章】
如戒如律，清净庄严

戒是守规矩

"戒"是守好规矩、是修心养性，待人接物戒慎谦恭，言行举止如规如仪。

念念清净

正心守规的人，不受境界诱惑，免于虚妄迷惑，念念清净，安然自在。

如法如规

为人要如法如规,心中有法则,行中有规则。

由内而外

有道德观,自然表现出道德的形态;心存礼义,自然表现出规矩的行为。

第二章 · 如戒如律,清净庄严

心中有法

心中有法,才能看得开世事人情,才能化解恶缘结善缘。

守戒互爱

人心有戒律,就不必多设规矩;人人能互爱,也就不需要任何管理。

有规矩的生活

心中迷茫,就会常受外境诱惑而乱了心、造了业;唯有发一念善心,顺着道理规矩过生活,才能心平气和、广植福田。

守规矩开智慧

行为守规矩,日常不离正法,自然心定如禅定,从而开启智慧。

防非止恶

在尚未犯罪之前,就必须自我规戒,才能预防心念的过失,使心不犯错、身不作恶。

法度·风度

守持做人的规矩法度,展现良好的威仪风度,多闻勤修佛陀的教法,才能传法度众生。

持戒弘法

出家修行者应敬慎持戒，心念清净无染、身行威仪脱俗，使僧团呈现"静寂清澄"的道气，就能显扬佛陀正法。

一举一动都是教育

起心动念能持净戒，内心德行自然显现于外在举止，即使不说法，其实一举一动都有法，皆在教育众生。

心安理得

行事以戒为先,能守规矩不犯错,内心自然安定,心定能生慧,此即"心安理得"。

道德规范·礼仪节制

行道于人间,有道德规范,有礼仪节制,才能克服欲念,方向正确不偏,一路平安幸福。

日落西山・日丽当空

人生若无道德礼仪，如日落西山，即将暗淡无光；具人伦、守规矩，如日丽当空，人生才有希望。

第二章・如戒如律，清净庄严

威仪无缺

外在举止有威仪，内心杂念烦恼不断，是"有威无德"，难以服众；必须从内心到外在行为都守戒律，才得"威仪无缺"，能调伏众生。

内直外和

为人,内以正直修本,外以柔和待人。

仁德即正道

心中常存仁德,心念就能恒在正道中。

正路正行

为人行事必须守法,绝不能为功利速成,而绕路后行走偏门;即使困难重重,也要正路正行,一步一步踏实地向前走。

正道宽广

打开心门,放下执着,守住正轨,人生的道路无限宽广。

修行之基

为人正直诚恳,做事正当实在,是修行的基础轨道。

以"正"为规

做人正直,处事以"正"为自我规约,才能取信于人。

善耕心田

方方正正的稻田,利于引水耕作、照顾稻秧;端端正正的心田,益于汲取法水、善护心念。

第二章・如戒如律,清净庄严

走正门护正法

心门开则法门开——光明正大走正门,不为方便走旁门,可陶冶正直的心,护持正法久住。

严己正人

"严"己以"正"人——方向正确、严谨自律,才能领众。

观念正确

闻法受益,无关学识高低;观念正确,即能去执解脱。

"正确"的重要性

在不正确的道路上勤奋精进,愈认真则堕落得愈快、偏差愈大;唯有建立正确的目标、付出正确的行动,才能真实成就。

不被利诱

人我是非、名利诱惑,离不开一念心;只要心存正念,就能舍去欲念、远离是非。

善护心念

善护心念向正道,则走路步步踏实,行事有益人群。

正念向前

心念正,定力坚,遥远的漫漫长路,才能走到美好的境界。

第二章·如戒如律,清净庄严

正信

培养正信,破迷思、除邪念。

正念

建立正念,不被境转、不受诱惑。

正定

坚定正向,专一心志、心不散乱。

活看板

学生的规矩教得好,就是活生生的"活看板",显明的人文充满校园,使环境发挥良好的境教。

良善的影响

以身作则,正心守规,能对身边的人产生良善的影响。

直路好走,险路难行

守好规矩、顺理而行,能自我保护也能利益他人,走的是一条康庄平坦的道路,又直又好走;不守规矩、逆理而行,既自我伤害又损及他人,走的是一条弯曲坎坷的道路,又险又难走。

自我管理

能自我管理的人,就会养成正常的生活习惯与端庄有礼的行仪,成为社会上尽忠职守的良善种子。

心灵免疫力

端正心念、持戒守规,能提升心灵的免疫力,去除无明烦恼,随处安然自在。

心要定

心不定,道难行;一念心定,道路通达。

好脾气

对人谦恭,对事谨慎,守好做人的规矩,就能修养好脾气。

第二章·如戒如律,清净庄严

好话是法

一句话,若能与人结好缘,让人很受用,就是法。

单纯的心

轻安自在的心灵,广大深宏的志愿,清净圆妙的境界,都是起于一念单纯的心。

圆满祥和

以尊重的态度待人,以戒慎的心情处事,则人事圆满祥和。

囤积道粮

食粮无法久放,道粮可以囤积——在心地布善种子,以法水持续灌溉,累积点滴爱心,就能长久助人。

第二章·如戒如律,清净庄严

自我提升

自我净化，才能净化人心；自我提升智慧，才能助人成长智慧。

安住

此心安住，一草一木皆如来境界，优美宜人；分分秒秒皆自然自在，恬静悠闲。

默忍为安

不守规矩会养成恶习,无恻隐心会招致恶缘;面对恶习深重的人,应自修"唯感恩心,默忍为安"——以感恩心多包容,随缘安忍莫排斥,予以怜悯不计较,才不会恶缘纠缠。

说话·走路·做事

说话时,谨慎言辞;走路时,留意脚步;做事时,专心动作;则无论何时何地,心念皆能安定专一而不散乱。

自爱自律

自爱自律不犯错,让关爱自己的人安心,就是报恩。

迷悟一线隔

悟与迷,只有一线之隔——平时闻法似有体会,大彻大悟;遇到境界却心思混乱,大沉大迷。应照顾真实道心、不偏差,坚持正信愿行、不退转。

一心一志

事事比较、相互竞争,心绪难免复杂;
专心致志、放下杂念,清净无烦恼。

以爱互动、以敬相待

从自己做起,自我负责守持戒法,人人以爱互动、以敬相待,则家家幸福,社会祥和。

静心洞照

平静的井水,能照见天上的星星、月亮;宁静的心境,能洞照人我是非——对的事,做就对了;不对的事,慎而不犯。

明辨是非

明辨是与非,对的,精进做;不对的,及时停止。

念念虔诚

守诚于心,念念虔诚——无处不虔诚、无事不虔诚、无人不虔诚。

法贵在行

闻诵千言万法却不实行,不如谨记一法时时善用。

第二章·如戒如律,清净庄严

得法喜悦

习气执着，障碍甚大，自乱恼人，苦不堪言；常怀感恩，发挥大爱，自爱爱人，得法喜悦。

闻法贵在能用

闻法，贵在心与法契合，即使是一字一句一义，能应用在日常事理中，就能受用不尽。

在法中安住

世事无常,不免发生意外;世间热恼,不免忧思难安,但有法水入心,即能免于烦恼乱心,时感清凉。

第二章·如戒如律,清净庄严

法入心真受用

一法入心,受用无穷;听而不闻,千言无益。

在法中精进

心在法中精进，与时竞赛坚志前行，即能通达诸法，无所不晓。

精进生法喜

追求正法，要有精进的心，才能心生法喜。

法随身走

心中有佛,行中有法,法随身走,永护净念。

永不后悔

用智慧选择清净的道路,自然会走得精进欢喜、永不后悔!

第二章·如戒如律,清净庄严

【第三章】

如礼如仪，
　　美好教养

礼是理

外在举止有礼节,表示内心有伦理。

人文之美

规戒在心,表达于形,言行举止如礼如仪,此即人文之美。

礼仪之教

礼仪之教是为了净化人心,所以礼不只表现于外在仪式,重要的是要回归礼的源头,以虔诚心行礼如仪,就能清净心灵、明心见性。

第三章·如礼如仪,美好教养

生活规则

日常生活要有规则——待人接物心平气和,为人处世守礼如仪。

以礼为首

礼义廉耻以"礼"为首,人人应对进退行礼如仪,有礼的社会才能长保平安。

第一眼的接触

仪表与言行代表人格,所以要在自己身上展现礼节,使人从第一眼的接触,就对我们产生好印象。

从小学礼数

孩子从小在家庭生活，就要学习守家规、守礼仪，说话表达有礼节，待人接物有礼数，才有幸福的人生。

自我约束

自我训练言行合于礼仪，自我约束而成为习惯，才能让善法深入于心、融入生活，带着真善美的形象与人相处。

不离"礼"与"理"

在服装仪容上能自我要求,是修养礼仪气质;在待人处世上知人伦义理,是培养道德品性。

慧命的成长

慧命是在生活中成长——从小就开始学习如何整理自己的仪容,长大后才知道如何去关心周围的环境。

建立清新气质

服装仪容整齐清洁,才能让人看见蕴藏于心的好品格,从而建立自己清新的气质形象。

根本的礼仪

端正仪容,是人生最根本的礼仪,也表示对别人的尊重。

自爱的第一步

自爱的第一步,就是端正自己的服装仪容。

成功的教育

女同学"漂亮得很整齐",男同学"俊帅得很干净",人人服仪齐整、形象端庄,就是成功的教育。

有教养

合宜的进退礼仪,清纯的气质形象,干净的服装仪容,就是有教养的模范学生。

美姿美仪

心存清净善念,让人感到投缘、看得顺眼,就是美姿;身形仪态用心收摄,让人眼见起欢喜心,即具威仪。美姿美仪,能摄受人心、领众无碍。

第三章・如礼如仪,美好教养

贤淑的美德

女德之美,是温柔贤淑,亲自劳作,勤快工作。

力求上进

内心的偏差,可从外在形象看出——若是披头散发,表示性情懒散怠惰;若是端庄有礼,显示人生积极上进。

"行动不便"

真正"行动不便"的人,并非肢体行动有障碍,而是生活散漫、行仪邋遢,不懂得穿衣服、不会走路的人。

老师是学生的模

老师应作学生的典范——老师仪容端正、服装整齐,学生才能端庄整齐;老师仪容邋遢、服装不整,学生也会散漫邋遢。

惭愧心

无惭无愧,就会放纵身心,邋邋遢遢,不守做人的规则;有惭愧心,就会自我管理,整齐清洁,守好做人的礼仪。

菩萨相

若能不断调整自己的身与心,行仪有礼、大爱付出,就会修得能感化人心的菩萨相。

护法卫教

真正的护法卫教,就是要显现身为佛教徒优美的气质与修养,令人见之而心生赞叹。

有气质就有尊严

生而为人要活得有尊严,个人的气质就是自己的尊严,所以随时都要保持整齐清洁的形貌。

相由心生

相由心生，从人的服装仪容与谈吐声色，就可见其人的心性与品格。

心思的"代言人"

待人要虔诚，声色要戒慎；言语表达心意，所以声色是心思的"代言人"，若说真实语而结恶缘，言语与表态就要更加戒慎虔诚。

见面打招呼

与人见面要打招呼,莫冷漠相待,因为冷漠是爱的障碍;多一点儿热情,多一些礼貌,人间就会充满温馨的气息。

慈悲的爱

慈悲的心,不能没有亲善的态度;爱的形态,不能有傲慢的表现。

自我净化、自我庄严

真正的庄严相，不是表相的面容与服饰，而是自我净化之后，自然显现于外的道气。

美貌不见得有人缘

美貌不见得让人乐于亲近，即使相貌平凡，但能行善造福，就具有受人尊重、敬爱的德行与气质。

良好的生活品质

不论身在何处,自我训练动作轻手轻脚,不吵到别人;自我学习适应环境声响,不自我困扰,如此才能拥有良好的生活品质。

待客之道

接待客人,最好的语言是亲切的招呼、微笑的应对。

办公处所的人文精神

在办公处所也应落实人文精神——环境常打扫、鞋子摆整齐,养成收纳物品、物归原位的习惯,从细节培养对工作的尊重,才能得到别人的敬重。

旧家具也能诗情画意

并非华屋广厦,才能美化生活环境;只要能用心整理,尽管是旧家具,也可以布置成诗情画意的空间,展现居住者的才华。

茶花道要实用

人文应讲求实用,以茶招待来访客人,以花点缀雅致空间,朴实不奢华、自然合礼仪,才能提升生活品质。

花艺养性

花草枝叶妙手巧思剪裁,和谐共处于花器,仿佛彼此能够对话,自心观之,心灵宁静;来客赏之,心境祥和,此即"境教"——置身雅静的氛围,熏染人性的美善。

草木有活力也有魅力

一草一木都有活力与真善美的魅力，落实花道在生活中，可增添空间色彩、美化环境品质，展现盎然的生命力。

美学教养

美学，不只存在于建筑或音乐艺术，所注重的应是生活中可见的衣食住行，让人感受得到美、感受得到教养。

回报父母恩

在家能孝顺敬奉父母、友爱兄弟姊妹,让父母安慰与欢喜;出外能与人和睦相处、承担社会责任,让父母以子女为荣。

平实人生

操持家务井井有条,奉献人群随缘尽力,安分守己最快乐,平实人生真幸福。

德行

将道德观收纳于心是"德",外在显现和敬形态是"行",德行在生活中落实,即是人文之美。

自在喜乐

无私爱人,心常喜乐;赞叹他人,心常自在。

做人的修养

求学,不只求学问,更要学会做人的修养——修养内在善良、纯真的人格,呈现外在干净、整齐的形象。

第三章·如礼如仪,美好教养

转法轮

心中有法,则身心随时都在造福——举止有威仪令人欢喜、言行有德行令人尊敬,即使对方不怀善意,也能在交谈后使人回归善念,这就是在"转法轮":将恶法转成善法。

自然的美

自己的行仪要用心学习,变成日常生活中很自然的美。

平常看待

日常生活不离人与事,对待人要用平常心——在别人的形态上钻牛角尖,徒增瞋爱怨怒;应善加警惕自己的声色,以柔和的形态来相待。

好气质结好缘

少欲知足的人,心中感受幸福而常面带笑容,自然流露的好气质,使人见之欢喜而结好缘。

真正的"美"

微笑的面容比粉饰的妆容美丽,令人见之欢喜亲近;粗糙的双手比精修的玉手美好,令人感到踏实可贵。

第三章·如礼如仪,美好教养

合宜的待人之道

合宜的待人之道是"表里如一"——发自内心良好的修养，表露温和亲切的态度，时时面带微笑，说话轻声柔软。

声色表现

声色的表现，可以呈现个人修养，也可能败坏形象——粗言恶口、大声喧哗，破坏观感；言行谦恭、柔和善顺，以显德相。

形仪表态

理直气壮大讲道理，强悍有力的表态，易于使人心生不悦；轻声柔语只一句话，谦恭有礼的形仪，也会让人乐意接受。

柔软·柔和·轻柔

时时言语柔软，面色柔和，行动轻柔，照顾好身、口、意，就能与他人结一分善缘。

顺耳

说话强悍、理直气壮,对方即使理亏也难信服;婉转表达、言辞顺耳,才能让人欢喜接受。

信服

克己有礼,守规如仪,得人信任、敬爱,言语就能让人信服。

即起警觉心

看人脸色不顺眼，听人说话不顺心，应立即生起警觉心，好好修心养性，以免自生障碍。

触觉说法

在日常生活中表达个人的气质，就能"触觉说法"，使任何人看到我们的形态，都能起欢喜心和恭敬心。

注意声色

有心修养的人,要注意自己的"声"与"色",声音柔和、态度和善,才能使人感受到如沐春风的安详气质。

习礼悟理

在道场精进共修的意义,是学习行住坐卧的礼节,从而体解佛法的道理,展现人文的美好形象。

藉外在修内心

在慈济道场必须学习规矩,训练外在的行仪,其实是在训练自己的心——走路要轻,连一踏步都要爱惜大地;声色要柔,连一句话都不能伤人心。

有道气的道场

在道场中,人人守规如仪,进出秩序井然,祥和的道气使人心安稳,摄受众生行善法。

【第四章】
如真如实，
人成佛成

体会与运用

学习佛法,要从人事物中体会,在日常生活中运用。

佛法不远,菩萨在前

法在生活之中并不远,菩萨在你我面前近身边。

向佛学习

应做学佛者,而非佛学者;学佛,即是向佛陀学习,立志成佛。

人格完美

要成佛,首先要学做人,人格完美就是成佛的基础。

学佛志在成佛

学佛志在成佛，志愿宏大！虽然佛道漫长，只要树立信心，专精无杂，力行菩萨道，必能从凡夫到达佛的境域。

修行的开始

从"心平气和"到"守规如仪"，是发心修行的开始。

令人敬重的人格

人格，来自于长久时间的修行；恒持内心清净的善念，就会得人敬重。

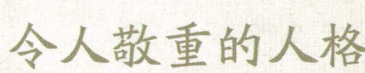

如何生活

佛陀讲经说法，千经万论都在教人"如何生活"，如何好好生活，如何好好做人，这是佛陀的教育，也是佛法的重点。

老实修行

老老实实,一步一脚印,是学佛应有的态度。

自谦才能奋进

愈有修行的人愈谦虚——体解真理大海浩瀚,自知正道长路漫长,渺小如己唯有努力精进。

本质与本性

明镜有映物的本质，用功磨亮镜面，就能朗照万物；众生有清净的本性，用心去除习气，就能彻见真理。

第四章·如真如实，人成佛成

修于内，形于外

功德修于内而形于外；内心有修养，外在行为就会合宜得体。

当下是道场

做事的当下,就是修行的道场。

真修行人

对于一己的得失,心无挂碍;对于众生的苦难,一肩挑起,此即真修行人。

取长补短

在人群中要用心观察，吸收优点、反省缺点，莫让习气阻碍自己的修行，且导致别人起烦恼心。

常怀警惕心

应常怀警惕心——说的话伤到人心，做的事让人不悦，就要及时忏悔、改过，才能圆满人事、修行有成。

载道器

身体受限于欲念，会引发很多恶业；若能去掉私欲，将身心奉献于广大众生，此身则是修行的载道器。

修到无我

修行要修到"无我"，无我即无我执，不执着什么是"我"；若太看重自我，就会执迷不悟，因为我执而造作种种恶业。

明心见性

"明心见性"并不难,只要去恶向善,就能闻声心明朗,入法见真理。

善法入心

善法入心则闻声心明,任何境界都在说法,使心念念清明;恶法入心则闻声起舞,任何境界都是惑乱,使心起伏无常。

恭敬心

时时培养恭敬心,恭敬三宝、恭敬善友、恭敬大地众生,举止才不会轻浮,人格才能升华。

立志弘愿

心若自私有染着,就会以我为重;心无一物无烦恼,才能立志弘愿。

是心生境

一切境界来自心念——起慈心,是佛境;起瞋心,变阿修罗;起贪心,就成饿鬼。

菩萨心公德心

凡夫心是自私心,以自我为重,造作染着的恶业;菩萨心即公德心,以众生为重,力行清净的正业。

皆是自造自障

一切道业不成,皆是自生障碍;一切恶业现前,皆是自己所造。包容一切众生,对人不怨、对事无尤,就能时时精进,处处无碍。

遇境观心

不论遇到任何境界,若能"遇境观心"——以智慧往内自观,即能契合真理、明辨是非。

心坚离欲

心念坚定的人,要离开安逸的享受并不难;贪着享受的人,要放下欲念的追求则倍感困难。

心开阔,路宽敞

对于不守规矩的人,应以悲悯心教育劝导,安忍己心、放宽心量,时时善解与包容,才能承担大乘志业,菩萨道上愈走愈宽敞。

为众服务不辞劳

要做菩萨,千万别怕辛苦;行菩萨道,就要坚定志向、具足忍辱精神,为众人服务。

安忍如大地

因缘果报必定要相信,无因不成果,余业未尽,就得承受果报;该来就来,将心放开,要安忍如大地。

以柔调伏

有忍的功夫,才有柔的形态,就能以柔教化,调伏刚强众生。

顾全大局

人与人之间的对立,造成社会纷扰不安;面对逆境,要有顾全大局之心——宽一寸、忍一寸,心要定、心要静,把心顾好,堪忍负重,力求精进。

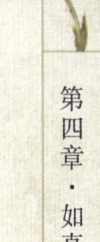

真忍

敬而让之，谦而恭敬，忍而无忍，是真忍。

心量从"忍"字做起

欲扩大包容的心量，须从"忍"字做起——不忍众生苦难，忍让无理之人，就能长养开阔的胸襟。

内护己心,外行善法

对内护心不染恶念,向外精勤不退善法。

怒火熏黑心地

瞋恚心如火焚烧,熏黑清净明朗的心地;以智慧灭除怒火,心思定静、精神清朗,就能增强分明是非、分别事理的敏锐力。

守好身口意业

"心"若没有人我是非,"口"就不会挑拨毁谤,"身"也不再造作恶业,即无烦恼,能离苦厄。

善念不灭的法门

凡夫心变异无常,或是恩情常忘、仇恨铭记,或是反恩为仇、由爱生恨;惜缘惜情,记恩不记仇,即是保持善念不灭的法门。

行愿

发愿之后,必须身体力行,化愿心为愿力,才能成就道业,否则即成空愿。

第四章・如真如实,人成佛成

灵验的自身佛

与其要求身外佛的灵感,不如反求自身佛的灵感——在他人有难相求时,能感同身受并且有求必应,即是感应灵验的活菩萨。

放下执着

习气,来自内心的执着;只要放下执着,习气自然消失。

行道慎始

以众生为念,必然一心专精,力行正道,能直达理想目标,会见真理。以自我为重,必因心存邪念,思虑复杂,常绕行更改路途,难以见道。

形不改色

在人群中无不是道场,只要稳定心志,堪受境界磨炼,做到形不改色,宽和谦让,就能成就道业。

必须历练

想要有所成就,必须有所历练,能堪得起恶劣的处境,能克服困难的人事,就会增强自信心,感恩境界的磨砺。

感恩一切

在苦难中长慈悲，在烦恼中生智慧，在众生中成佛道。

观察且探讨

观察世间苦相，探讨众生苦因；众生的烦恼与苦难，正是滋长菩提道心的养分。

堪受考验

入群度众，必须堪受各种境界考验，而不退失道心。

见相自省

走入人群，见众生相而反观自省，才能警觉烦恼，进而断除烦恼。

第四章 · 如真如实，人成佛成

善因缘

勤修善法增长善因缘,利人亦是利己。

善循环

善念结善缘,善缘长善念,守好一念善,成就善循环。

在感动中行动

恶念生,应自我警觉即刻断除;善念起,要从感动中积极行动。

护心・净心

护心,一丝丝的恶念都不能生;净心,一点点的污秽都不能染。

第四章・如真如实,人成佛成

小爱·大爱

小爱——执着自我喜好厌恶,心胸狭窄苦不堪;大爱——无分别心不起嫉恨,心境清净又快乐。

辩才无碍

进食之后,经过消化吸收,才能提供身体营养;说法之人,透过力行体解,才能无碍宣讲法义。

去我执

有我执,就会生爱念,就有喜恶心,无法待人平等;唯有去我执,才能做到人我平等,拥有大慈悲的胸襟。

欲念淡薄,身体健康

学佛之后,明白人生的道理,欲念渐渐淡薄,精神较看得开,自然身体就会健康。

不贪恋物质

无论世缘有多长,对物质不起贪恋,心灵安定、知足,就是最富有的人生。

自我调伏

自我调伏刚强的习气,学习调和柔软的声色,让深藏的佛性显露,即能觉悟。

无相而实相，真空而妙有

事事只想到自己，容易与人对立，将"我"归零到"真空"、缩小到"无相"，就能显出"实相"，发挥"妙有"的大力量。

自作自受

行善业可享福，造恶业则受苦报，两者无法抵消，故一切行为皆须十分谨慎。

第四章・如真如实，人成佛成

清高的希望

菩萨有愿而无欲，与凡夫的欲望不同；菩萨所愿是清高的希望，祈愿世间能祥和平安。

菩萨精神

一面精进求道、启发自我良知，一面投入人群、发挥度众良能，是菩萨精神的具体表现。

解脱无常苦

世间危脆，并非久居之地；眷属缘聚，无法永远相聚；自我身躯，不过几年寒暑。体悟人生无常，破除贪执心念，即得解脱自在。

圆融无阻

以信心、毅力、勇气入群度众，若遇障碍，是因过去生未结好缘；适应众生习气，与不同个性的人圆融相处，菩萨道才能畅行无阻。

造福修慧

投入人群救拔苦难,即是造福;从众生相理解世间法,即是修慧。

祥和富足

用心吸收佛法,注入爱的能量,心境轻安自在,人生祥和又富足。

热气·热能·热心

有阳光热气,才能生长五谷杂粮;有火种热能,才能炊煮可口佳肴;有爱的热心,才能助益善根成熟。

日月光明

智慧如日、慈悲如月,日月光明照耀天下,不为炫丽所惑、不被恶浊污染;学佛亦要保有自性的智慧与慈悲,不受环境影响与染着。

卷二　有礼必明理　明理必有礼

做人的根本不离"礼、义、廉、耻",教育的目标即在培育学生明礼节、懂义理、具节操,展现知书达理的人品典范以及谦谦君子之仪态风度。

为人师者以身作则,负起教育使命,谆谆教导学生们孝顺父母、尊师重道、温文有礼,社会才有希望的未来。

【第五章】
教之以礼，
　　礼教为本

和敬礼教

人与人之间能和敬相待,来自于礼的教育;推动"和敬礼教",就能使人生美好,社会平安。

有礼节才有人文

人文精神的落实,是应对进退的礼节,能让人用心感觉得到,让人用眼看得出来。

有礼达理

有礼貌的人,就是能通情达理的人。

无礼即无理

人与人相处要注意礼节,不可熟不拘礼;礼者,理也,无礼则理不通,无法成就事情与广结善缘。

第五章·教之以礼,礼教为本

熟识莫失礼

与人对待,应恒持初识时相敬互让的态度,才不会熟不拘礼而横生怨隙。

声音与气氛

祥和的气氛须由口传达,有赖于人人发出柔和的声音,讲出和善的话语。

时时有涵养

为人须时时保持涵养,莫心情开朗时笑脸迎人,怒气一生就开口骂人。

好人

一个容易发脾气的人,不能算是好人,因为修养功夫还不够。

涵养极深

涵养功夫极致时，就能做到平常心，不会被境界动摇——受嫌弃时，不起瞋心；被赞叹时，也不会特别感到欢喜。

感受美好

一心宁静，即能感受境界的美好，展现待人接物的智慧。

宁静的心

宁静的心，看任何境界都美，对一切人事物皆由衷感恩。

以心交心

对于名或利，心常惊惶失去，害怕被人夺去，有此疑心就会对人提防、与人猜忌，就难以交到谈得来的知心朋友。

第五章·教之以礼，礼教为本

平易近人

以平易近人的态度关心朋友，可以得到真正的友情，拥有丰富的生活。

淡而长久

朋友之交淡如水，有烦恼能相互解结，有付出却不求回报，彼此之间没有纠缠，如此的情谊才能长长久久。

对的人说"对不起"

对的人要向错的人说"对不起"——错的人不明事理,不想改过,是因为他不想修行;对的人明知道理,向他说对不起,是为了要修行,要修养宽阔单纯的心。

先救自己的心

救世要先救心,救心要先从自己的心救起,要先观照自己,好好化解自己的烦恼,好好调伏自己的心。

好人缘

心开阔,无烦恼;脾气好,人缘好。

彼此善解

人与人之间难免有烦恼,但是若能彼此善解,就可以感受到心灵超越的欢喜。

好话多说

开口伤人,有违慈悲本怀;以慈言爱语待人,多说有益于人的好话,也是做好事。

言语可畏

一句好话,可以使人改正观念;一句恶言,容易引人误入歧途。

第五章·教之以礼,礼教为本

不要敏感

为人在世不要过于敏感,敏感是因为我执太重,若能将别人的话都善解成出于好意,将不愉快的事都当成是在教育自己,就不会将每一句话、每一个人、每一件事压在心上。

多用"爱语"

与人相处应多使用"爱语"——柔声和悦,言谈负责;协助他人解决心结,莫为对方增添烦恼。

微笑宽柔

若有平常心与平等爱的修养,即使对方粗言恶语、态度冰冷,也能微笑宽柔相待。

莫为声色钻牛角尖

有人讲话直接大声,不过是习气使然;有人外表冷淡漠然,却深藏丰富的爱,所以莫为他人的声色钻牛角尖,心念才不会在人事中起伏不定。

真正的好话

真正的好话,是出自内心真诚的话,而非只是表面好听的话。

说话之前想一下

想一下再说话,一句好话,就能劝人行善,就能多一个好人。

言谈负责

为人应为自己的言谈负责，说到必须做到，莫做无益之言。

听闻赞叹时

听闻赞叹要自我提醒：一切都是本分事、是应尽的责任，才不会自我膨胀。

以爱对谈

以诚相待、以爱对谈,自然能建立互信、话语投机。

深刻体会"责之切"

只想追求"爱之深"的感受,不去体会"责之切"的用心,也是一种心理障碍;若能深知"严厉责备我的人,就是疼爱我的人",就能转自障为道念,化逆缘为善缘。

学习善解包容,莫言疾恶如仇

莫轻言疾恶如仇,你看别人不顺眼,就认为对方是恶;别人看我们不顺眼,也会认为我们是恶,所以要学习善解包容,才不会有爱恨情仇的苦恼。

其实错的是自己

有自我的执着,就会总觉得"错不在我而在对方",凡事只有自己对而别人都是错,其实错的就是自己。

声大浪高

起一念烦恼心,说话直来直往,只要"声大"就会"浪高",掀起层层烦恼障碍,不只会障碍自己、障碍别人,也会障碍团体。

不起"看不顺眼"的念头

平时要提高警觉,若对别人怀有"看不顺眼"的念头,就要立即提起善解包容的心,在遇到境界时就不会出现冲突对立的场面。

瞋火的障碍

想做好事须从忍辱去瞋开始——瞋火怒烧，别人不敢亲近，造成广结善缘的障碍；好发脾气，别人不乐相助，形成造福人群的障碍。

包容的宽度

走入人群去付出，必须经得起历练，拓展包容的宽度——任何个性的人都可以包容。

手画虚空

不中听的话,不要耿耿于怀;不愉快的事,切莫怀恨在心。心要如手画虚空、画过无痕,才能净心地、断烦恼。

草木春光

心知足,一草一木即是春光美景;心不知足,纵使荣华富贵仍感空虚苦痛。

智慧之眼,超越之心

以智慧之眼观照,消除了苦恼,就能获得心灵的自由;以超越之心对待,少了计较心,就能常感人情的温馨。

要懂得解脱

轻易就受到环境的影响,会造成心灵的折磨;用智慧思考问题,将是非当成教育,就能跳脱人事困扰。

守中道

待人接物宜守中道，不过于冷漠与热情，与人相处心平气和，方能展现人文之美。

磨炼的心

每一时抱着学习的心，每一刻抱着磨炼的心，即使有挫折或阻碍，都能增长自信心，在精进中过着快乐的人生。

被误解,错在自己

让人误解不是别人的错,是自己的错——学习以感恩心化解是非,用大慈悲开阔心量。

完美无缺

人与人之间相互执着缺点,彼此的心就会都受到烦恼的污染;唯有提起超越的心去看待,对缺点毫无挂碍,所见的就会是完美无缺的形象。

心宽念纯长慧命

心宽,使生命之路广阔;念纯,使生命具有深度,心宽念纯就能成长慧命。

胸襟

心胸狭窄的人,看人欢喜就生气,看人得意就嫉妒;心量开阔的人,见人开心就欢喜,见人悲泣就抚慰。

面对不实的批评

听到别人对自己有不实的批评，只是忍住不发脾气会生闷气；若能维持善良的心念，开阔心胸多宽谅，就能在日后予以劝导，结下更好的缘。

爱憎的烦恼

视众生如自身，就不会生恶念；心有分别，才会有爱憎，对喜爱的人极力偏护，对憎恶的人挑尽缺点。

正确判断

精神清净明朗、心境宽阔无私,则能正确地判断是非。

聪明·智慧

聪明的人,只爱自己,无法宽容别人,总是对人不满;有智慧者,宽宏大量,态度平易可亲,喜见人人和乐。

为人着想

适切的处世之道是"为人着想"——发自内心慈悲的爱，身体力行率先劳作，自勉多付出一分力量，别人就能减轻一分负担。

爱与真情

人与人之间重要的是，爱的互动与真情相对；一旦缺少爱与真情，时常苦恼于与人不和，则生活何乐之有？

第五章・教之以礼，礼教为本

要结缘，莫绝缘

与人结好缘，莫与人绝缘。

宽让增福

宽心对人，少恶缘；谦让待人，增福缘。

人事和睦

　　心存善念，必定谨守礼仪，使人生起欢喜心，所以人事和睦；心常不满，必然满脸疑虑，对人产生厌恶心，所以远离人群。

多一个人就多一分力量

与人相处常起冲突，就会缺少他人的助缘，做事将倍感辛苦；能包容习气、耐心沟通，才不会产生排斥的心，而少了一股力量。

随顺因缘

随顺因缘,并非消极不为、放任不管,而是把握因缘、凡事尽力,但无得失心,轻安自在。

解结·解套

是非在心中翻搅,无以解结,是自损道心;烦恼在心里缠绕,难以解套,是作茧自缚。在彼此的习气中,能磨得圆融善解,智慧才能成长。

不结怨·不作对

与人结怨，心生暗鬼，总是提防被人暗算；以爱待人，不与人作对，自然事事如意。

堪成大器

对于自己的长处要尽力发挥，对于自己的缺点要彻底改过；对于别人的长才要牵引提携，对于别人的缺失要宽谅包容。

关键在自己

法喜充满的关键在于自己,自己的心念单纯,自然就能善解,即使受到刻意的刺激,也能不受伤害。

人事圆满

接受人事磨炼,才能去除习气;勇于自我鞭策,才能达致圆满。

要懂得化恶缘为福缘

人与人都是有缘来聚,对于结好缘的人要珍惜,对于结恶缘的人要懂得转化为福缘——别人进一步,我们就退一寸;用心擦拭自己的污点,用爱抚平彼此的心结。

第五章·教之以礼,礼教为本

心宽念纯

心量宽阔,就能创造快乐的心情;心念单纯,就能丰富充足的人生。

真功夫，真智慧

能配合别人，是"真功夫"；能带动别人，是"真智慧"。

轻安

人生平安就是福，身心轻安最健康——"轻"是放下烦恼，"安"即安稳平安。

过了自然就没有了

走入雾中,雾气朦胧,其实雾也只是气流的作用,随因缘构成,雾散后景物更明;烦恼来时,了解烦恼也是自己的心在作用,境界如过眼云烟,过了自然就没有了。

事理圆融

理解别人看事的角度,了解别人心中的感受,在人与事中做到让大家都满意,这就是事理圆融的智慧。

【第六章】
育之以德，培育品德

教人

教育的重点在于"教人"——教导做人做事的道理、落实生活教育，而非仅是"教学"——只传授知识、注重学术教育。

学好，守好

学好生活规矩，守好做人本分，是品德教育的根本。

通情达理

教育,重在培养出通情达理的人,也就是通晓众生情、达知世间理的觉有情的人。

教育的目的

人人与生俱有善良、纯真本性,这分无污染的清净之爱,就是身而为人的自然法则;教育的目的,就是教育孩子们懂得生活规矩,能安分守己,不自作聪明地脱离自然的秩序。

师教、境教、群教

教育成就三要素：师教、境教、群教。老师以身作则教导礼仪，校园环境注重品格教育，同学群体之间自然地熏陶自爱敬人的涵养，就能成就理想的教育。

在诚恳中不失尊严

从事教育工作者，提升使命就有诚意，修养德行就有尊严，在诚恳中不失尊严，孩子才能受教守规范。

可以"柔",不能没有"格"

教育须注重操行与品德,要让孩子具有良好品行,必须一步一步细心教导;然而教导的态度可以"柔",却不能没有"格",才能教育出尊师重道的好学生。

品德教育·礼仪教育

克制享受的欲念,养成助人的习惯,以落实品德教育;维护整洁的仪表,建立良好的形象,以落实礼仪教育。

在校习礼，就业有礼

在校，能学习礼仪表达尊重，懂得尊师重道；就业，才能与人应对有礼，懂得尊重同事与他人。

随性易脱轨

生活随性的人，容易脱离正轨而失序，逾越做人的操守；唯有培养自重、敬人的品德，以礼节自我规范，才能降伏我行我素的习气。

要负责任，不做滥好人

教育的意义，是负责任、用方法，辅导人就正轨，发挥做人的良能；而不是只做滥好人，以讨好的心态，误导人行往偏差的方向。

兴学重在生活教育

慈济兴学，首重生活教育，要拉拔流俗偏轨的孩子回归正道，实是艰辛万端；但只要老师们坚志力行、志同道合，终能抵达目标。

整理生活环境

就学时期，要学习自我规范，懂得打理生活，将来才懂得自重自爱，善于整理环境，拥有温馨的家庭生活。

从小分担家事

孩子应从小教育，能体谅父母辛劳、分担家事，才能启发人性本能，使人伦礼义存于心中。

教子有方

教育孩子,不能放任孩子为所欲为,应以智慧善加劝解、开导,做好伦理道德教育;孩子无法接受,自己的心就要放松些、莫执着,若过于严厉管教,只会让孩子心生反感而更加叛逆。

对待家人

真正有修养的人,不只待人处世谦恭圆融,对家人也能以诚以礼相待。

守规立品格

品格,是从日常生活而养成,是从守法守规而建立。

看到内在的美好

粗心大意的人,只能看到表面而忽略内在;心思细腻的人,因为用心观察而发掘美好。

心境与环境接合

外在的形象表达内心的涵养,用心维护环境,心境与环境接合,就是品德教育与生活教育的落实。

学业·事业·志业

时间累积一切——学业,从小学到大学,用功学习,累积学识;事业,从无到有,努力耕耘,稳定发展;志业,用生命走入生命,分秒踏实。

网络如一张网

网络讯息纷杂,沉迷网络心迷惘——网络如一张网,若心被网住,就会找不到出处,不可不慎。

谨慎网络资讯

上网吸收清净智慧,可造福人间;沉迷网络不实资讯,会为祸人间。

品德在恭敬中得

在人事物中显现恭敬的行为——晨起整理仪容，日常待人有礼，做事精进有恒，才能内化为品德修养。

心花开，散德香

心若虔诚、欢喜、无忧虑，就能心花开放散德香。

像个人

每天晨起下床踩地,就要像一个人,开步、走路,要"像个人"在走路;能调好做人的形象,坐得正、行得端,人格自然随着提升。

懿德

"懿德"就是女德,身为女众应修养自己的气质与品德,用心教育儿女整理仪容、打扫起居环境、规划时间用功课业、学习待人处世的礼节。

有功能才有良能

用心学习整理服仪、打扫环境、勤做家事，具备基本的生活功能，才能建立端正的品德，充分发挥良能于社会。

第六章·育之以德，培育品德

打扫的好习惯

学校教育必须注重生活环境的管理，学生在宿舍里能养成打扫的好习惯，日后才会注重住家与办公环境的整洁，这是人伦的规矩，也是人格的教养。

从外相见品格

内心的世界会流露于言表,从外相可看出个人的品格,所以要照顾好外在的形态,服装仪容务求整洁、端正。

自我修正习气

修正一分习气,增长一分慧命;若执着"我本来的脾气就是如此",总是要求别人适应自己的习气,就会与人常起冲突、结恶缘。

以得成德

下功夫专心学习,学有所"得"之后,再以真诚的心传授他人,使人有所成长,因此成就自己的"德"行——以"得"而成"德",此即"德者,得也"。

造福修德

减轻别人的负担,就是造福;付出无求心轻安,即是修德。

做环保,育品德

做环保是在培育"私德"——自我教育节俭惜福的观念,培养个人的品德。

心诚则香

心里虔诚,得心香;守志于道,散德香。

优质的人品

生活有规矩,举止有威仪,就能提升优质的人品。

把握原则不脱轨

脱离诚正信实的正轨,将严重损及个己的人格;不论遇到任何境界,都要坚持信念、把握原则。

第六章・育之以德,培育品德

人格的代表

言语是人格的代表,所以说话必须慎重。

高尚人格

人生是否能堂堂正正、问心无愧向前走,并不在于富有或贫穷,而是能行善造福的高尚人格。

言而有信,人格升华

守时、守诚、守信,言而有信、言行一致,能造就人格升华的善业。

给人肯定与鼓励

声色俱厉地责备人,让人心生惧怕,失去信心;声色柔和地予人肯定与鼓励,能让人欢喜自己的努力已有成果,而期许做得更好。

第六章·育之以德,培育品德

有修养才能看人顺眼

人与人之间的相处，要能看人顺眼、见人起欢喜心，就要有修养的功夫，去做到善解与包容。

有修养才能美化人生

有修养的人，讲话语气轻柔，态度和善亲切，所以能美化人生。

莫刚强，要柔软

你刚我强，相互碰撞起火花，造成双方损伤；你柔我软，相交往来能礼让，互成美好修养。

福缘

宽怀待人，是修养；人见欢喜，即福缘。

神清心定

佛法的教育，是在日常生活中，修养自己的心性、学习待人的礼节，常常感到神清心定。

圣人之心

贡高我慢，自认学问比人高而轻视他人，是凡夫之心；谦虚恭逊，以平等心对待众生不起分别，是圣人之心。

照顾心灵健康

重视身体健康,更要照顾心灵健康;身体强壮而心不健全,也无法发挥人人本具的智慧良能。

原谅、辅导、规劝

人是凡夫,谁没有过失?原谅之余,还要辅导、规劝,不轻言放弃。

应机施教

度众生要适应众生根机,就如雨露滋润大地草木,大树能吸收大量的水,小草只能吸收少量的水,给予再多的水也无法吸收,反而会被大水淹没。

人生再充电

每一天都要在人事中学习,困难与苦痛是人生再充电的机缘,教育着我们具足毅力走过人生路。

平日就要训练

若能于平日即训练定力、培养德行,遭逢逆境时才不会生起瞋恚烦恼。

为天下培养人才

大爱不分亲疏远近,用心为天下栽培人才,粒粒种子萌芽成大树,代代相续回馈社会。

【第七章】
传之以道，传承典范

以身作则

自己做模范,才能教人成就人品典范;
自己守规矩,才能带人端正身形威仪。

向上承担,向下传承

有诚正信实的品德,才能向上承担,延续上一代人的无私奉献;能身体力行做典范,才能向下传承,教导下一代人要殷勤付出。

法脉相传

美好的行仪、端正的人品,一人传给另一人,相互成就道业,这就是"法脉相传"。

第七章·传之以道,传承典范

人师典范

教育工作是任重道远的使命,为人师者有纯净的气质与学养,才能为学生做典范传承,导正偏差的人心,回归人伦的轨道。

传智慧，承重任

良好的精神理念必须代代传承，做事的方法可适应社会作变通；资深的长辈应指导陪伴传智慧，年轻的后进应谦虚受教承重任。

良师益友

规劝的话语未必顺耳，纠正的言谈绝非逢迎；在犯错时有人挺身指正，此即真正的良师益友。

在职尽责

在职在位要负责任,若没有责任感,职位再高,也是空有其位、徒有虚名,无法成就事情。

降伏散漫

在工作时闲谈是非,则心无定性、意常散乱;在工作时把握分秒,就能生定力、降伏散漫。

身心合一

说话时，留心在言语；工作时，专心在行动；如此则能步步无过错，句句无戏言。

有效的良能管理

组织管理不是用条文去管控，也不是用行政施号令，而是要用真诚的爱去陪伴、带动，才能有效发挥良能的管理。

领导者的心胸

领导者若执着小我的名利,就会担心功劳被夺取,也会推诿自己的过错;若有开阔的心胸,就能无私地提拔人才,也会勇于承担自己的责任。

第七章·传之以道,传承典范

最高明的管理

在工作环境中,营造出如同一家人的温馨气氛,同仁们感受到被关心、被呵护,就能自我提醒不疏忽犯错,这就是最高明的管理方法。

聪明人无法抗压，智慧者甘愿承担

聪明人虽然事事皆知，但易起计较心，遇到辛苦即无法抗压；智慧者能够透彻道理，随境起欢喜心，面对困难却甘愿承担。

心量大

心量大，得人疼；心量大，能带人。

有自信就有力量

在天地之间的种子,本质再好,也要有阳光、雨水的助缘,才能萌芽生长;在团体之中的人才,能给予机会帮助他建立信心,有自信就有做事的力量。

放在与人平齐的地位上

带动者要把自己放在与众人平齐的地位上,先予人赞叹、感恩、尊重、爱,才能让人见而欢喜,乐于听从引导。

第七章·传之以道,传承典范

家风·宗风·风范

静思有家风,慈济有宗风,人人自律、守规矩,行仪展现美好风范,法脉宗门才能世代传续。

有家才有门

静思是家,是慈济人心灵的家,也是心灵的道场;有家才有门,有静思才能立宗门,有静思法脉才能开启慈济宗门。

素雅的人文

慈济人文不是潮流文化，而是素雅的人文——内在清净无杂染的本质，即是"素"；将内心的朴素表达出来，就是"雅"。

第七章・传之以道，传承典范

慈济宗风

资深者陪伴、引导新进者，新进者感恩、尊重资深者，此即慈济宗风。

人人合心，人人协力

深知慈济理念与脉动，遵守礼仪规矩，此即"人人合心"；明了功德是自修自得，所以凡事共同参与，此即"人人协力"。

法亲关怀

慈济大家庭的法亲关怀，是永恒持续地互护道心——对于年迈者，要温情陪伴；对于经济有困难者，要给予帮助；对于心念偏向者，要用爱辅导。

以敬以礼，有和有美

在团体之中，以敬以礼相互对待，就有和的气氛，予人美的感受。

人人真善，团体就美

人人用"真"心付出"善"行，共同成就团体之"美"。

第七章·传之以道，传承典范

共成善事

人人合和互协，才能凝聚团队的心，共同成就真诚、纯朴的人间善事。

合于制度的尊重

团体有上轨的制度，人人做事才有遵循的原则；固然待人要尊重，但必须是合于制度的尊重，才是真正的尊重，整个团体也才能进步。

方方圆圆清楚明白

组织管理要有良效,制度运作要能上轨,该方、该圆都要清楚明白——原则必须坚持,应对则须柔软;才不会模棱两可,令人无所适从。

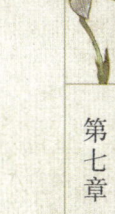

第七章·传之以道,传承典范

合心成事

没有不能改善的事,只怕心不合;人人合心,遇事即能合理沟通,自然诸事成就。

互补互助

合和互协,不是各行其是互不相干,而是相融一体互补互助,整体运作才能顺畅无碍。

与人不合伤及团体

人与人相处,要有柔软的态度与耐心;人与人不合,会使心灵受伤,也会对团体造成伤害——让人以为这是充满是非的团体,失去投入的意愿。

心宽念纯・合和互协

人人心宽念纯,团体才能合和互协。

和合圆满

坚持己见,无法与人和合;去除我执,才能圆满诸事。

第七章・传之以道,传承典范

群体生活

众生是群体生活,相互依赖生存,个人无法独生;所以应彼此照顾,不能只为自己,不顾他人生死。

环环相扣

一件衣服穿在身,不能少一颗钮扣不扣好,才能展现美好形仪。一个团体要做事,每一个功能都环环相扣,才能运作顺畅无碍。

至善之美

亲近仁慈和善之人,就能真实感受到"善"的美好与动人。

亲近善人

远离自私的人,避免受污染,做出不义之事;亲近贤良的人,接受其引导,增长善根福德。

第七章·传之以道,传承典范

敬与爱

"敬"与"爱"相辅相成；给人一分爱，则得一分敬。

有德之人

内修定静，外形庄重；身心寂静安详，即是德行的成就。

爱人的力量

人人皆有自爱爱人、布施付出，进而引导他人向善的力量。

一生平安

长时间修养人格、培养气质，做到人见人爱，就能处处安详、时时安宁，一生平安与幸福。

第七章・传之以道，传承典范

分享经历

用自身经历与人分享,鼓励他人克服困难,即是以法度人。

爱的关怀

温馨,来自人与人之间的关怀,来自很多人共为爱付出。

多温馨、少冷漠

付出真诚的爱,让人间多一点温馨、少一些冷漠,这就是人间菩萨的责任。

视长者为己亲

慈悲关照社会暗角,发挥爱心视长者为己亲,人人伸手肤慰呵护,及时扶助贫病孤老。

第七章・传之以道,传承典范

最富有的人

能慈爱付出回馈社会,能出于真诚关怀朋友,能淡泊欲念免于沉沦,此为最富有的人。

君子如松

红花虽美但不长久,青松朴实却能屹立不摇;君子应如青松,经得起磨炼与考验,凡事以大众利益为先。

顺理成章

"顺理成章"——父母顺应道理,疼惜一切生命,子女才能传承爱的典范,成就篇篇真善美的好文章。

第七章·传之以道,传承典范

显先人之德,作后辈典范

行菩萨道,让父母长辈以己为荣,就是彰显祖德;奉行古训,守礼教以厚养道德,就能做后辈典范。

熏法香・行道香・显德香

熏法香,闻法修行涤心垢;行道香,力行佛法生活中;显德香,德行成就为典范。

法入心行

闻法入心恒精进,法在行中立典范,以身为教度众生。

菩萨团体

人人服仪庄严整齐,人人举止文雅有礼,人人心念虔诚清净,这就是合和互协的菩萨团体。

自认平凡

安于本分尽责任,自认平凡不自满,所作所为平常心,人格圆满佛道成。

第七章・传之以道,传承典范

【第八章】

导之以正，
　　导正方向

对己能坚持，对人有耐心

有心做事的人，要立定正确的行事方向，一心坚持不受人事影响，同时以耐心与人磨合，引导错误见解者回归正轨。

能辅导别人的人

放得下情执与爱欲，提得起清净无私的大爱，就能做一个能辅导别人走向正道的人。

循循善诱

几句好话,帮助人去烦恼,解心结;循循善诱,引导人修善法,就正道。

好话不用深

好话不用深,能让人听得懂、体会得到,就能助人去烦恼、解心结。

第八章・导之以正,导正方向

共造安详寂静的环境

人人举手投足轻柔从容,生活在安详寂静的环境里,就能相互增长静定的道心。

真爱

真正的爱,不是溺爱与宠爱,也非放任、纵容人做错事;对于已经犯错的人,则不与之计较,并且要用诚意予以导正。

感恩点醒我们的人

与其求佛救拔,不如听进别人的规劝;在迷失时点醒我们的人,就是拯救人生的贵人。

灿烂多彩不失端庄礼仪

生命可以灿烂多彩,但是不能离开端庄的形态,不能失去人伦的礼仪,这就是人生的价值。

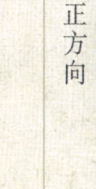

第八章·导之以正,导正方向

扬善即能去恶

宣扬爱的榜样,能启发人心转恶为善,化黑暗为光明。

所行无益之苦

人生不择正道而行,就会常走回头路,总是重新开始;进进退退,走走停停,饱受所行无益之苦。

心灵春天永驻

时间无法停留,春夏秋冬四季循环,日升月落日日轮转;若能常怀感恩心,与人真诚相待,心灵的春天可以分秒永驻。

第八章・导之以正,导正方向

在生死之间

人生最重要的是,在生与死的过程中,是否体悟道理?道理通达的人,能把握时间发挥力量;道理不明的人,是醉生梦死空过时日。

前脚踏出,后脚提起

不论修行或做事,皆须"前脚踏出,后脚提起";不计量得失,不期待回报,即能心无挂碍、清朗自在。

昨日已成过去

昨日不可留,过去不追忆;照顾好今日的心念,守护好未来的道心。

过去就过去了

世间事物,过去就过去了,放下不计较,就不会得失起伏,心境自然恬安淡泊。

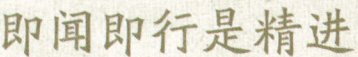

即闻即行是精进

虽有烦恼、习气,但能保时警觉,听闻过错立即改正,也堪称是精进的人生。

利用身体

人生的意义,不是贪图享受,促使身体造业,而是看淡欲乐,利用身体行善。

一定要精进

对准人生的方向,一心精进向前走,必能到达理想的目标。

热情与真爱

热情只是一时,容易冲动,容易消退;真诚的爱温厚长久,能肤慰别人的苦,能安定自己的心。

爱心清气

爱心就像清新的空气,让身处的周围清新、祥和。

第八章·导之以正,导正方向

爱的能量的源头

爱的能量来自相互关怀——能自爱的人，会懂得报恩；能爱他的人，就懂得感恩。

说好话，做善事

说好话很快乐，做善事很自在；人人快乐、自在，社会多美好。

"我"行善，"心"快乐

无常于瞬间变化，人生总在虚幻中；唯有"我"能行善付出，才有"心"的快乐人生。

心常喜悦

追逐财富永不满足，无私付出心常喜悦。

第八章·导之以正，导正方向

亲切柔和

以亲切的爱心去付出,以柔和的态度去关怀,即是布施。

好心好念

一分好心起,一念福入心;天天好心好念,就能广造福田。

看重自己

人应看重自己!宁愿扛重责、耐压力,活出有意义的人生,也莫图清闲而空白度日。

被依靠,莫依赖

做一个可以被依靠的人,不要成为依赖别人的人,天天无求付出,人生富足欢喜。

第八章·导之以正,导正方向

积福

行善积福,浪费折福。

无损生活

节省自己,帮助他人;无损生活,成长慧命。

惜物命、救地球

喜新厌旧、快速汰换，有用物资变垃圾；回收修复、延续物命，发扬爱心救地球。

第八章·导之以正，导正方向

身心健康

饮食八分饱，生理调和，身体健康；存二分助人，发扬爱心，心灵健康。

少消费、不浪费

面对极端气候，在生活中要"戒慎虔诚"——少消费、不浪费，惜物茹素护地球。

回收再利用

在垃圾堆中资源回收，延续物命再利用；在人生路上迷失本性，去除习气获新生。

环保包含善与爱

环保包含善与爱——善用时间是"时间环保",善用空间是"空间环保",发扬爱心是"心灵环保"。

爱是保护膜

清净无染的爱,是厚实的保护膜,善护天地平安人吉祥。

心月光明圆满

人人心中都有一轮明月，心月比天上的月亮，更光、更亮、更圆。修行就是去除贪念习气、无明烦恼，让心光明亮、让心月圆满。

人性之美

真诚的大爱是人性之美，让生命发光、发亮！

由人创造

世间的祥和美好,需要由人来创造;只要人人相互友爱,就能减少灾难,带来幸福。

人心要除旧布新

人心也要除旧布新——去除过去的痴迷,善用纯净的心念,建立智慧的光明,照耀未来的道路。

有爱能到达，有法能克服

关怀天下不分远近——心中有爱，再遥远的地方都能到达；心中有法，再困苦的事情也能克服。

人心善则天下和

成就家庭和合、社会祥和、天下调和，这分"和"来自人人一念行善造福之心。

以诚以实

踏实修行,启发大众心灵财富,让社会富足而有福;以诚相待,建立互信互爱情谊,让世间有祥和之兆。

纯正社会风气

有人在前行善,有人在后跟随,人人随喜赞叹,社会风气纯良,庇荫天下众生。

心佛合一

心佛合一入群度众,守持正念分毫不偏,才能为人导正方向。

大爱循环

人与人彼此残害,才有不堪回首的悲痛时日,才有灾祸不断的恶性循环;唯有人心和睦,才能大爱循环,才能共创净土。

爱心善行

爱心,必须发挥出来才有用处;善行,即是爱心付出行动的行为。

共同成就

同生共存大地之上,同起爱心、共成善事,就能人心调和无灾难。

第八章・导之以正,导正方向

祥和社会有妙方

日日感恩、事事虔诚、人人祝福,是让社会祥和的一帖良方。

感恩・尊重・爱

事事感恩、彼此尊重、人人互爱、惜时惜物,世间平安幸福。

自爱·爱人·互爱

自爱的人才能爱人，人人相互友爱，就能创造人生之福、世间之美。

三安

人人守护好心念，各司其职发挥己能，便能达成"三安"——家庭平安、父母心安、社会均安。

人生三圆

闻法入心、透彻道理,则心胸开阔、人事圆融、福德圆满,人生三圆具足——心圆、人圆、福圆。

事理通达

既能通达道理,又能身体力行,愿意付出于人群;事事通达无阻碍,就是轻安自在的好人生。

善法

心中有法,才能扫除无明念头,不留一点不平衡的心态;心中有善,才能伸出爱的双手,利益一切普天下的众生。

要自我肯定也要结好人缘

以谦和不骄之心处世,以无我、感恩之心付出,自我肯定做对的事,广结好缘为天下尽力。

重视未来

万事万物生生不息,时间分秒流逝不歇,不用执着过去的一秒钟,应要重视未来的一念间,一心一志往善的道路走!

面对无常,及时努力

大地危脆,无法预期何时毁灭;生命无常,无法预定何日终止;事物多变,无法预料刹那生灭。唯有把握当下,及时努力!

清净无碍

布施若希求回报，内心就不得清净；事情完成随即放下，才能无所挂碍。

活的光耀

温馨的力量，来自于一念心，是一道活的光耀，不断地散发温柔的光，照拂天下的众生，引导光明的方向。

图书在版编目（CIP）数据

静思语——礼仪之美/释证严著．—青岛：青岛出版社，2017.3
ISBN 978-7-5552-4632-9

Ⅰ．①静… Ⅱ．①释… Ⅲ．①佛教－人生哲学－通俗读物 Ⅳ．① B948-49

中国版本图书馆 CIP 数据核字（2017）第 036786 号

原版权所有者：静思人文志业股份有限公司授权青岛出版社出版发行简体字版
山东省版权局著作权合同登记号　图字：15-2016-213

礼仪之美——清纯气质的教养（原版）

封面"静思语"题字为证严上人墨宝
封面"静思法脉丛书"题字为胡念祖先生
著作者：释证严
总编辑：释德佩
丛书策划：黄美之、翁培玲、沈凯庭、许菱窈
责任编辑：释德誉、许菱窈、王玮乡、陈靖旻
美术设计：蔡淑婉
封面画作：刘建志
图绘协力：刘建志、林碧丽
篆刻协力：陈胜德

书　　名	静思语——礼仪之美
著　　者	释证严
出版发行	青岛出版社（青岛市海尔路 182 号，266061）
本社网址	http://www.qdpub.com
邮购电话	13335059110　0532-68068026
责任编辑	刘克东　韦雨涓
特约编辑	薛　娟
封面设计	祝玉华
版式设计	可视文化
照　　排	青岛佳文文化传播有限公司
印　　刷	青岛乐喜力科技发展有限公司
出版日期	2017 年 4 月第 1 版　2019 年 6 月第 4 次印刷
开　　本	32 开（890mm×1240mm）
印　　张	8.75
插　　页	8
字　　数	300 千
书　　号	ISBN 978-7-5552-4632-9
定　　价	39.80 元

编校印装质量、盗版监督服务电话：4006532017　0532-68068638